RÈGNE ANIMAL

MAMMIFÈRES

Par Steve Parker
Conseiller en Matière de Contenu : Robert M. Timm, Ph. D.,
Conservateur de Mammalogie, Museum of Natural History,
University of Kansas

Conseiller Scientifique : Terrence E. Young Jr., M. Éd., M.L.S.,
Jefferson Parish (Louisiana) Public School System

Broquet

97-B, Montée des Bouleaux
Saint-Constant, Qc, J5A 1A9
Tèl.: 450 638-3338 Téléc.: 450 638-4338
Internet: www.broquet.qc.ca/Courriel: info@broquet.qc.ca

Catalogage avant publication de Bibliothèque et Archives Canada

Parker, Steve

Mammifères

(Règne animal)
Traduction de : Bats, blue whales & other mammals.
Comprend un index.
Pour les jeunes.

ISBN 978-2-89000-846-5

1. Mammifères - Ouvrages pour la jeunesse. 2. Mammifères -
Ouvrages illustrés - Ouvrages pour la jeunesse. I. Titre.
II. Collection: Monde animal (Saint-Constant, Québec).

QL706.2.P3714 2007   j599   C2006-942030-0

POUR L'AIDE À LA RÉALISATION DE SON PROGRAMME ÉDITORIAL, L'ÉDITEUR REMERCIE :
Le Gouvernement du Canada par l'entremise du Programme d'Aide au Développement
de l'Industrie de l'Édition (PADIÉ) ; La Société de Développement des Entreprises
Culturelles (SODEC) ; L'Association pour l'Exportation du Livre Canadien (AELC).
Le Gouvernement du Québec - Programme de crédit d'impôt pour l'édition de livres -
Gestion SODEC.

Titre original : Animal kingdom classification
Bats, Blue Whales & other MAMMALS
Copyright © 2005 par David West Children's Books

Pour le Québec : Tous droits réservés © Broquet Inc., Ottawa 2007
Dépôts légal - Bibliothèque nationale du Québec
1er trimestre 2007

ISBN 978-2-89000-846-5

Traduction Maurice Soudeyns
Révision Jeanlou Mallette-Carrier
Infographie Chantal Greer

Provenance des photos :
Abréviations : h = en haut, m = au milieu, b = en bas, d = à droite,
g = à gauche, c = au centre.
9bd, Doc White/naturepl.com ; 9bd (photo superposée), Dietmar Nill/natur
pl. com ; 12 bg, Rod Williams/naturepl.com ; 13 bd, naturepl.com ; 15hg,
Pete Oxford/naturepl.com ; 17b (photo superposée), Captain Budd
Christman, NOAA Corps ; 18h, Hans Christoph Kappel/
naturepl.com ; 19hg et md, Bruce Davidson/naturepl.com ; 19bm Dave
Watts/naturepl.com ; 20h, Tim Macmillan/John Downer pr/naturepl.com ;
21h, John Waters/naturepl.com ; 21m, Anup Shah/naturepl.com ; 21bd,
naturepl.com ; 22-23 et 36h, OAR National Undersea Research Program
(NURP), University of North Carolina at Wilmington ; 23bg OAR Nationa
Undersea Research Program (NURP), National Maritime Lab ; 22bd,
Captain Budd Christman, NOAA Corps ; 23hd, Dr. James P. McVey, NOA
Sea Grant Program ; 23md et bd, naturepl.com ; 24bm, naturepl.com ; 25h
Peter Blackwell/naturepl.com ; 25hd, François Savigny/naturepl.com ; 25bd.
naturepl.com ; 26h, Peter Blackwell/naturepl.com ; 27bd, naturepl.com ;
28bd, Bruce Davidson/naturepl.com ; 29m, Brian Lightfoot/naturepl.com ;
29bg, Tero Niemi/Naturbild/naturepl.com ; 29bd, naturepl.com ; 31bd, Nic
Garbutt/naturepl.com ; 32-33, Peter Blackwell/naturepl.com ; 33md, Captain
Budd Christman, NOAA Corps ; 33bg, David Tipling/naturepl.com ; 33bd,
naturepl.com ; 35hg, Jeff Foot/naturepl.com ; 35hd, Heikki Willamo/
Naturbild/naturepl.com ; 35b, naturepl.com ; 36bg,naturepl.com ; 36bd,
Peter Basset/naturepl.com ; 37h, Dave Watts/naturepl.com ; 38 (photo super
posée), Captain Budd Christman, NOAA Corps ; 38bg, Klaus Echle/nature-
pl.com ; 39hd, T. J. Rich/naturepl.com ; 39bg naturepl.com ; 41hg et bd,
Dave Watts/naturepl.com ; 41hd, naturepl.com ; 42bg, Michael Pitts/nature-
pl.com ; 43hg, John Cancalosi/naturepl.com ; 43bd, Fabio Liverani/
naturepl.com ; 45b, Digital Vision.

Couverture : Grizzli
Page 3 : Mandrill

RÈGNE ANIMAL

MAMMIFÈRES

Steve Parker

TABLE DES MATIÈRES

INTRODUCTION 6

LE MONDE DES MAMMIFÈRES 8

LE CORPS DES MAMMIFÈRES 10

ORIGINE DES MAMMIFÈRES 12

PEAU ET POILS 14

COULEURS ET CAMOUFLAGE 16

LES MAMMIFÈRES ET LES SENS 18

LA FAÇON DE SE DÉPLACER 20

MAMMIFÈRES AQUATIQUES ET AÉRIENS 22

MAMMIFÈRES ET COMMUNICATION 24

VIVRE ENSEMBLE 26

LES CARNIVORES 28

LES HERBIVORES	30	SAUVER LES MAMMIFÈRES	42
MIGRER OU HIBERNER	32	LA CLASSIFICATION DES ANIMAUX	44
NIDS ET TANIÈRES	34	LES PHYLUMS DES ANIMAUX	45
PRÊTS À SE REPRODUIRE	36	GLOSSAIRE	46
LA NAISSANCE ET LES PETITS	38	INDEX	48
POCHES ET ŒUFS	40		

INTRODUCTION

La plupart des animaux que nous voyons tous les jours sont des mammifères. Les animaux domestiques comme les lapins et les gerbilles appartiennent à ce groupe, tout comme les animaux de ferme, y compris les vaches et les moutons. Les puissants chevaux de course, l'empoisonnant rat et nos amis à fourrure – chiens et chats – sont tous des mammifères avec lesquels nous partageons notre vie quotidienne. La plupart des mammifères sont cependant beaucoup moins répandus que ces derniers. Il se peut que nous ayons la chance de voir des mammifères plus rares, comme des tigres dans la jungle asiatique, des éléphants dans la plaine africaine ou des baleines dans la mer, mais d'autres sont beaucoup plus inconnus comme les solenodons, les linsangs et les babiroussas.

Les mammifères que nous connaissons dépendent grandement de l'endroit où nous vivons. Les gens ne connaissent bien que les mammifères de leur région. Peu importe où il habite, l'homme semble attiré par les mammifères. Ce sont des animaux à sang chaud, souvent actifs, qui apprennent vite et sont couverts de fourrure ou de poils comme nous. C'est que nous sommes aussi des mammifères.

TIGRE À L'ATTAQUE
La plupart d'entre nous reconnaissons le plus connu des mammifères, bien qu'il soit aussi l'un des plus rares. Les tigres ne sont plus que quelques milliers. Et le plus grand, le tigre de Sibérie (ci-contre), est le plus rare de tous puisque seulement quelques centaines ont survécu. Pour la plupart des gens, le tigre est un beau gros chat. Pour d'autres, c'est un moyen de faire des sous (ils l'abattent et vendent des parties de son corps).

LE MONDE DES MAMMIFÈRES

Les mammifères sont présents partout sur terre sauf dans les régions où les conditions de gel sont les plus rigoureuses, soit à l'extrême nord ou à l'extrême sud de la planète. Plus de 4500 espèces occupent chacun des autres habitats.

HABITATS TERRESTRES

La plupart des mammifères habitent sur la terre ferme. La toundra subpolaire est l'un des habitats terrestres les plus durs car aucun arbre n'y pousse et son sol est gelé en profondeur une partie de l'année. Pourtant, le bœuf musqué, le caribou, le lemming, le renard et le lièvre arctiques y survivent. Le vent, la glace et la neige des hautes montagnes représentent un risque trop élevé pour la plupart des animaux. Mais le mouflon d'Amérique, le yack et le léopard des neiges tolèrent ces conditions. Le manque d'eau rend aussi la vie difficile. Malgré cela, le renard nain, le kangourou et le chameau y font face dans différents déserts du monde.

La chaleur et l'humidité favorisent la vie sous toutes ses formes, y compris sous celle des plantes qui servent de nourriture. La plupart des mammifères vivent donc dans les bois et les forêts. En particulier les forêts tropicales humides, qui hébergent environ la moitié de toutes les espèces de mammifères, où les pluies sont abondantes.

MER ET AIR

Bien que la plupart des mammifères vivent sur la terre ferme, d'autres ont conquis le plus vaste habitat de notre planète : la haute mer. Les baleines, les dauphins, les marsouins, les phoques et les lions de mer sont parfaitement adaptés à la vie marine. Les mammifères ont même réussi à conquérir l'air. Certains planent et plongent du haut des arbres comme les écureuils volants. Mais les chauves-souris sont les véritables maîtres des airs et représentent environ le quart de toutes les espèces de mammifères.

DÉSERT
Renards nains

PLAINE
Girafes

FORÊT TROPICALE
Tigre

RIVIÈRE ET LAC
Hippopotame

FORÊT BORÉALE
Porc-épic

MONTAGNE
Mouflon d'Amérique

FORÊT TEMPÉRÉE
Koala

LE PLUS GROS ET LE PLUS PETIT

Aucun autre groupe d'animaux n'offre un éventail de tailles aussi large. Le plus gros mammifère de tous est le rorqual bleu, qui fait 98 pieds de long (29,8 m) et pèse plus de 100 tonnes (90 tonnes métriques). La chauve-souris à nez de porc est l'un des plus petits. Il est plus petit que le pouce et pèse un peu plus d'une demi-once (2 g), ce qui est 50 millions de fois moins que la baleine bleue ! La plupart des mammifères sont de petites tailles, entre la souris et le lapin.

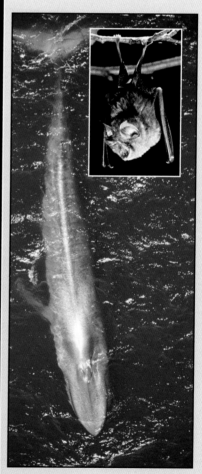

Rorqual bleu
Photo superposée : chauve-souris
Kitti à nez de porc

RÉGION POLAIRE
Bébé phoque du Groenland

MER
Épaulard

LE CORPS DES MAMMIFÈRES

Les mammifères appartiennent au principal groupe d'animaux connu sous le nom de vertébrés. Leur squelette comporte une colonne vertébrale constituée de ce qu'on appelle les vertèbres. Le fait d'être à sang chaud, d'être dotés de fourrure ou de poils et de nourrir leurs petits avec du lait maternel représente d'autres caractéristiques propres aux mammifères.

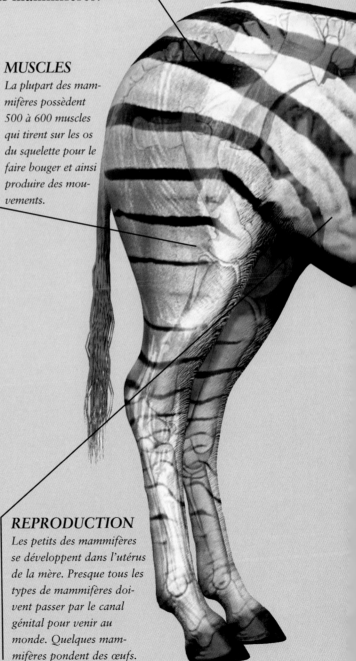

PEAU ET POILS OU FOURRURE

Les poils se forment dans de minuscules follicules sous la peau. Les glandes sudoripares produisent de la sueur qui a pour fonction de stabiliser la température du corps dans des conditions de chaleur intense.

À SANG CHAUD

Il n'existe que deux groupes d'animaux à sang chaud : les mammifères et les oiseaux. À sang chaud signifie que le corps conserve toujours la même température même quand la température ambiante est au point de congélation. Ce qui veut dire que les mammifères peuvent être actifs là où les animaux à sang froid, comme les serpents et les insectes, sont paralysés par le froid, c'est-à-dire dans la glace et la neige.

MUSCLES

La plupart des mammifères possèdent 500 à 600 muscles qui tirent sur les os du squelette pour le faire bouger et ainsi produire des mouvements.

NOURRIR LES PETITS

Le lait maternel des mammifères vient de leurs mamelles situées à l'avant de la femelle ou sous celle-ci (d'où le mot mammifère). Les petits tètent ou se nourrissent de ce lait les premiers jours et premières semaines de leur existence. Ce lait contient tout ce dont ils ont besoin pour se développer et demeurer en santé.

REPRODUCTION

Les petits des mammifères se développent dans l'utérus de la mère. Presque tous les types de mammifères doivent passer par le canal génital pour venir au monde. Quelques mammifères pondent des œufs.

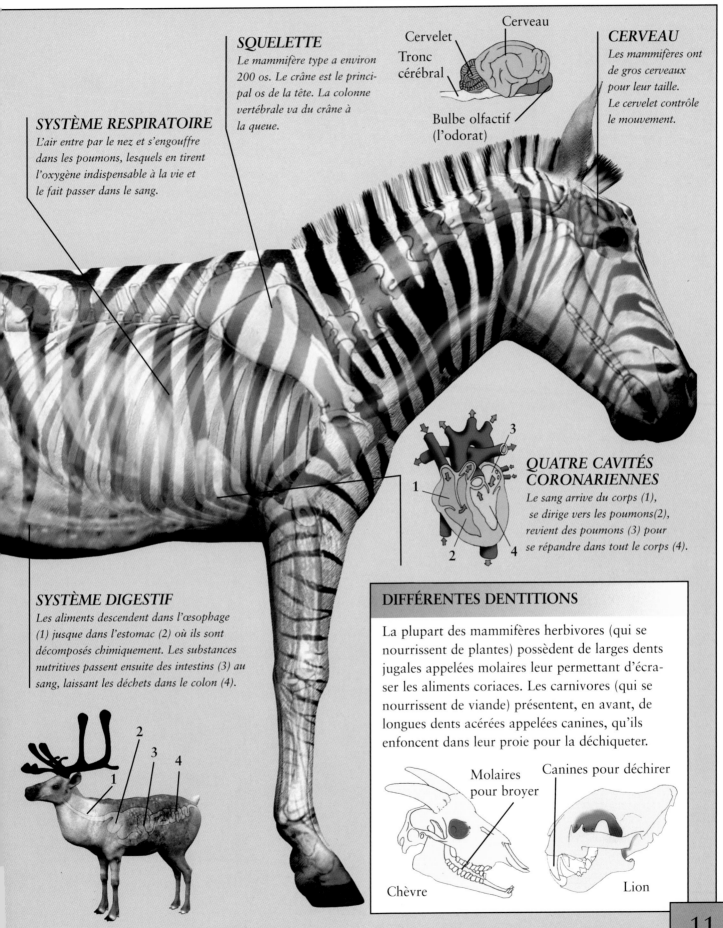

SQUELETTE

Le mammifère type a environ 200 os. Le crâne est le principal os de la tête. La colonne vertébrale va du crâne à la queue.

Cerveau

Cervelet

Tronc cérébral

Bulbe olfactif (l'odorat)

CERVEAU

Les mammifères ont de gros cerveaux pour leur taille. Le cervelet contrôle le mouvement.

SYSTÈME RESPIRATOIRE

L'air entre par le nez et s'engouffre dans les poumons, lesquels en tirent l'oxygène indispensable à la vie et le fait passer dans le sang.

QUATRE CAVITÉS CORONARIENNES

Le sang arrive du corps (1), se dirige vers les poumons(2), revient des poumons (3) pour se répandre dans tout le corps (4).

SYSTÈME DIGESTIF

Les aliments descendent dans l'œsophage (1) jusque dans l'estomac (2) où ils sont décomposés chimiquement. Les substances nutritives passent ensuite des intestins (3) au sang, laissant les déchets dans le colon (4).

DIFFÉRENTES DENTITIONS

La plupart des mammifères herbivores (qui se nourrissent de plantes) possèdent de larges dents jugales appelées molaires leur permettant d'écraser les aliments coriaces. Les carnivores (qui se nourrissent de viande) présentent, en avant, de longues dents acérées appelées canines, qu'ils enfoncent dans leur proie pour la déchiqueter.

Molaires pour broyer

Canines pour déchirer

Chèvre

Lion

ORIGINE DES MAMMIFÈRES

Il y a plus de 200 millions d'années que les mammifères sont présents sur terre. Les premiers sont apparus au Trias supérieur. C'était l'époque où les dinosaures commençaient à se répandre et à occuper l'espace.

UN DES PREMIERS

Des fossiles de minuscules mégazostrodons de 4,7 pouces (12 centimètres) de longueur ont été trouvés en Afrique du Sud. Ils vivaient il y a 200 millions d'années, en même temps que les dinosaures (ci-dessous). Ils se cachaient des dinosaures le jour et sortaient la nuit pour se nourrir d'insectes et de larves. (Illustration non à l'échelle.)

LES ANCÊTRES DES MAMMIFÈRES

Les mammifères sont probablement issus des thérapsidiens, des reptiles évolués proches du mammifère. Ceux-ci ont d'abord été des reptiles à peau écailleuse, puis certains se sont mis à changer progressivement, c'est-à-dire à évoluer. Des caractéristiques propres aux mammifères sont alors apparues, entre autres les poils, une dentition particulière, un os unique pour la mâchoire inférieure et un nouveau type d'oreille présentant trois osselets à l'intérieur. Le premier mammifère était né.

SEMBLABLE AUX PREMIERS MAMMIFÈRES

De nos jours, la musaraigne arboricole est l'animal qui ressemble le plus aux premiers mammifères dont le mégazostrodon est un exemple (à droite ci-dessus). Ce ne sont pas de véritables musaraignes et elles appartiennent à leur propre groupe de mammifères : les tupaiidés. Elles ont un long museau pointu, de grands yeux, de petites dents tranchantes, des orteils dotés de griffes acérées à chacun des pieds, et des poils sur la queue. Les musaraignes arboricoles vivent dans les forêts tropicales de l'Asie du Sud-Est. Elles se nourrissent de papillons de nuit, d'insectes et aussi de fruits.

Les musaraignes arboricoles cherchent des proies dans les arbres et au sol.

APPRIVOISER L'AIR

Il y a près de 50 millions d'années, les membres antérieurs de certains mammifères se sont transformés en ailes. Ces mammifères sont devenus des chauves-souris. Des fossiles d'Icaronycteris d'Amérique du Nord montre une envergure de 16 pouces (41 cm).

APPRIVOISER LA MER

Certains mammifères se sont adaptés à l'eau. Leurs membres antérieurs se sont transformés en nageoires et leur queue en nageoire caudale. Basilosaure, une baleine primitive qui existait il y a 40 millions d'années, avait 82 pieds (25 m) de longueur.

FOSSILES DE MAMMIFÈRES

Le passage du reptile au mammifère peut être observé grâce aux restes d'os, de dents et d'autres parties de squelette conservés dans la pierre sous forme de fossiles. Les fossiles prouvent qu'à l'époque des dinosaures, il y a 200 à 65 millions années, les mammifères étaient petits et peu abondants. Rares étaient ceux qui avaient la taille d'un chat domestique d'aujourd'hui.

Les dinosaures et beaucoup d'autres gros animaux sont disparus lors d'une catastrophe à l'échelle de la planète il y a 65 millions d'années. Les mammifères ont survécu et se sont bientôt mis à évoluer rapidement. Certains sont demeurés petits et semblables à la musaraigne, se nourrissant de vers et d'insectes. D'autres sont devenus beaucoup plus gros et ont commencé à manger des plantes. Tous les principaux groupes de mammifères que nous connaissons aujourd'hui existaient déjà il y a 30 millions d'années.

PAS SI VIEUX

De nombreuses espèces sont apparues et se sont éteintes depuis l'arrivée des mammifères. Les velus mammouths ont été l'une des dernières espèces à disparaître il y a moins de 10 000 ans. Certains de ces mammouths comme bébé Dima, découvert en Sibérie, se sont conservés dans la glace.

« Dima », un bébé mammouth, a été retrouvé congelé.

Peau et poils

Les mammifères sont les seuls animaux à fourrure ou à poils. Tous n'en ont cependant pas abondamment. Certains, comme les baleines et les rhinocéros ont perdu presque tous leurs poils en cours d'évolution.

À QUOI SERT LA FOURRURE ?

Chez les mammifères primitifs, la fourrure ou les poils ont probablement d'abord servi d'isolant. La fourrure protège si bien contre le froid que les mammifères peuvent conserver leur chaleur en tout temps. Les mammifères qui vivent dans les régions froides aujourd'hui, comme le phoque des mers polaires, les mouflons et les chèvres de montagne, possèdent une très épaisse fourrure. Une épaisseur de poils peut aussi protéger contre les chaleurs intenses afin que le corps ne devienne pas trop chaud, comme c'est le cas pour le chameau dans le désert.

SANS POILS, MAIS BIEN AU CHAUD

Le morse n'a presque pas de poils, mais l'épaisse couche de graisse présente sous sa peau, appelée blanc de baleine, le garde au chaud.

LE PORC-ÉPIC BIEN PROTÉGÉ

Les aiguillons du porc-épic arboricole sont de très longs poils piquants et rudes. Si un prédateur l'attaque, les aiguillons se détachent et adhèrent à sa peau pour mieux la pénétrer ensuite.

LES POILS LES PLUS LONGS

Les gros mammifères des régions très froides, comme le bœuf musqué de la toundra arctique, possèdent les poils les plus longs. Les poils de la couche extérieure ont jusqu'à 3 pieds (90 cm) de longueur. La pluie et la neige dégoulinent sur leur dos, ce qui laisse l'épaisse sous-couche de fourrure sèche.

LA FOURRURE POUR SE PROTÉGER

La fourrure ou les poils ont d'autres utilités que de servir d'isolant, ils protègent la peau douce contre les ecchymoses et les éraflures. Chez certains mammifères, comme le porc-épic et le hérisson, les poils se sont transformés en longs piquants acérés qui dissuadent les ennemis. Chez le pangolin, la fourrure s'est transformée en grosses et dures écailles cornées qui couvrent tout le corps. Le tatou présente de semblables plaques couvertes de corne, ce qui lui offre même une meilleure protection.

PARAÎTRE PLUS IMPOSANT

Les poils peuvent être mus par de petits muscles attachés à leurs racines sous la peau. Quand ils sont dressés, ils retiennent une couche d'air plus épaisse. Cela les aide à garder encore plus de chaleur corporelle. Dresser les poils fait, d'autre part, paraître le mammifère plus gros et plus fort, ce qui peut aider à faire déguerpir les attaquants.

ENFERMÉ DANS UNE ARMURE

Les plaques du pangolin, semblables à des écailles cornées, s'imbriquent pour former une armure complète.

SOIN DE LA PEAU ET DES POILS

Certains mammifères à fourrure, comme les tamarins (ci-dessus), font leur toilette seul ou à deux pour garder leur fourrure propre et en santé. Sans ce toilettage, ils seraient infestés de parasites. Certains mammifères sans fourrure, comme le rhinocéros (ci-dessous et à gauche), se vautrent dans la boue. Ils humectent ainsi légèrement leur peau et la protège des insectes piqueurs comme les mouches.

COULEURS ET CAMOUFLAGE

Pourquoi les ours polaires sont-ils blancs et les grizzlis bruns ? Pourquoi les mandrills ont-ils la face colorées ? Il y a plusieurs raisons pour lesquelles la peau et la fourrure des mammifères sont colorées.

SE CONFONDRE AVEC LE MILIEU

Beaucoup de mammifères sont colorés par camouflage, ce qui signifie qu'ils se fondent dans le paysage environnant. L'un des exemples les plus probants est l'ours polaire. Son milieu de vie est surtout blanc, alors l'ours polaire est blanc aussi. Cette particularité lui permet de se glisser jusqu'à sa proie, à savoir le phoque, sans trop risquer d'être vu. Les prédateurs, tel le lion, qui vivent dans des plaines peu humides sont plutôt bruns ou brun roux. Cette couleur s'harmonise bien avec le type de plantes et de sol qu'ils côtoient. Les mammifères qui ont des prédateurs, de la souris au cerf, utilisent aussi le camouflage pour se dissimuler plus facilement.

ÉBLOUISSEMENT ET CONFUSION

Quand un zèbre est attaqué, le troupeau s'enfuit en désordre, et les bandes de leur pelage créent un déroutant « éblouissement » qui rend difficile le choix d'une victime.

DES COULEURS VIVES POUR LA REPRODUCTION

Les mandrills sont les plus gros singes. Un mâle, au terme de sa croissance à la face rouge et bleu, la barbe jaune et la croupe bleue. Ces couleurs indiquent qu'il a atteint la maturité et qu'est prêt à se reproduire.

Le jeune cerf, ou faon, se couche, immobile, dans le sous-bois. Les taches claires de sa robe s'harmonisent avec le reflet des rayons de soleil sur les feuilles.

Comme pour le faon (à gauche), les taches du léopard aident celui-ci à se dissimuler sous les arbres où il se cache. Il se poste généralement sur une branche peu élevée pour bondir sur la première proie venue.

SE DÉMARQUER

Le camouflage n'est pas la seule raison de la couleur. Certaines espèces de mammifères veulent qu'on les remarque. Elles présentent de colorés motifs surtout sur la face. Il s'agit généralement d'un façon d'attirer un partenaire durant la période de reproduction. Les couleurs n'apparaissent que quand l'animal est parvenu au stade adulte.

AVERTISSEMENT !

Certains mammifères sont aussi colorés pour avertir leurs ennemis d'un danger quelconque. Les animaux qui tentent d'attaquer une mouffette sont arrosés d'un liquide nauséabond qui irrite la peau. Ils ont tôt fait de reconnaître la forme des bandes blanches sur fond noir et de l'associer à un avertissement.

POUR ÉVITER TOUTE ÉQUIVOQUE
Les bandes blanches de la mouffette servent d'avertissement aux prédateurs. Elles leur rappellent son jet malodorant.

LES COULEURS CHANGENT

Certains habitats changent considérablement avec les saisons. Le renard arctique vit dans la glace et la neige l'hiver, mais sur des territoires dépouillés de végétation ou couverts de petites plantes l'été. Au printemps, il perd ses poils ou se dépouille de son blanc pelage et le remplace par une fourrure plus foncée. Il mue à nouveau à l'automne.

Un renard arctique l'été (photo superposée) et l'hiver (à droite).

LES MAMMIFÈRES ET LES SENS

La chauve-souris envoie de petits sons aigus avec son museau et sa gueule.

Les mammifères ont en général les mêmes sens que nous (puisque les humains sont également des mammifères), à savoir, la vue, l'ouïe, l'odorat, le goût et le toucher. Certains mammifères, cependant, peuvent voir, entendre et surtout sentir beaucoup mieux que nous.

LES SENS CHEZ LES ANIMAUX NOCTURNES

Beaucoup de mammifères sont nocturnes ou actifs la nuit. Ce type de mode de vie nécessite générale-ment des sens d'une plus grande acuité. Ils auront souvent de grands yeux pour capter le plus de lumière possible dans la pénombre, de grandes oreilles pour entendre le moindre bruit, et un museau plus long et palpitant. Il est aussi im-portant que les mammifères nocturnes aient de longues moustaches, car elles les aident à se retrouver dans le noir.

Les sons sont ré-percutés par le papillon de nuit jusqu'aux grandes oreilles de la chauve-souris.

« VOIR » EN SE SERVANT DE L'OUÏE

La chauve-souris utilise un mode d'orientation appelé « écholoca-tion » pour savoir où elle se trouve et chasser sa proie dans l'ob-scurité. Elle émet de petits cris très aigus, ultrasonores et d'autres sons que répercutent les objets à proximité sous forme d'échos. La chauve-souris analyse la forme de ces échos et détermine la taille et l'emplacement d'insectes aussi petits que les moucherons.

DE GRANDES OREILLES
Le serval africain chasse surtout à l'aube et au crépuscule –et surtout à l'oreille. Il attend en silence dans les hautes herbes, l'oreille tendue, le passage d'une proie, comme le rat par exemple.

L'OUÏE
Tous les mammifères peuvent entendre, mais tous ne sont pas dotés d'oreilles externes (de pavillons) de chaque côté de la tête. Les animaux aquatiques, comme la baleine et le phoque, n'en ont pas pour améliorer leur aérodynamisme. Mais ils conservent toujours toutes les parties de l'oreille interne pour capter les sons et les vibrations sous la surface. Chez la plupart des mammifères, plus le pavillon est grand, meilleure est l'acuité auditive. Les herbi-vores, comme le zèbre et l'antilope, ont de grandes oreilles externes en forme de cornet qui s'inclinent et pivotent dans tous les sens. Ce type d'oreilles peut capter l'exacte provenance d'un son, tel un bruissement d'herbe par exemple, qui peut signifier la présence d'un prédateur à proximité.

DES YEUX IMMENSES
Par rapport à sa tête, le loris grêle a les plus grands yeux de tous les mammifères. Ce primate nocturne vit en Asie du Sud.

LA VUE

La grandeur des yeux d'un mammifère est directement proportionnelle à l'usage qu'il en fait. Dans le sol, la taupe a de minuscules yeux qui lui sont à peine utiles. Le rat, la chauve-souris et le singe, qui sont actifs la nuit, ont tous d'assez grands yeux pour voir dans la pénombre.

La position des yeux est également importante. Les herbivores, comme le lapin et le chevreuil, ont les yeux sur les côtés de la tête. Cette particularité leur confère une bonne vision dans toutes les directions pour surveiller les prédateurs. Les yeux du chasseur regardent généralement droit devant, ce qui permet à l'animal de juger avec précision la distance qui le sépare de la proie au moment de bondir sur elle.

ODORAT ET GOÛT

Comparativement aux autres mammifères, notre vue et notre ouïe sont dans la moyenne, mais notre odorat est médiocre. Dans l'air pur de l'arctique, un ours polaire peut flairer un phoque mort à 3 miles (4,8 km de distance) avec son long museau. Dans la forêt, les mammifères, tel le sanglier sauvage, ont un long museau souple. Ils s'en servent pour flairer de la nourriture dans le sol. Le singe, qui a un museau plus plat, se fie davantage à la vue qu'à l'odorat. La plupart des mammifères se servent du goût pour savoir si un aliment est bon à manger. En général, ils évitent les saveurs amères.

LONG MUSEAU
La musaraigne-éléphant (qui n'est pas véritablement une musaraigne), ainsi nommée à cause de son long museau semblable à une trompe.

UN ÉTRANGE SENS

L'ornithorynque de l'est de l'Australie est doté d'un sens de plus. Dans l'eau, son museau, qui est semblable à un bec recouvert d'une fine peau, peut détecter les minuscules impulsions électriques émises naturellement par les muscles des animaux en mouvement. (Ces signaux électriques ne voyagent pas dans l'air; par conséquent, c'est un sens dont il ne peut se servir que dans l'eau.) Avec son bec, l'ornithorynque flaire dans la vase, au fond des rivières, sa nourriture, qui se compose de vers, de crustacés et d'insectes aquatiques.

L'ornithorynque peut « flairer » l'électricité.

LA FAÇON DE SE DÉPLACER

Les mammifères se déplacent sur la terre, dans l'eau, dans l'air et même dans le sol. Le modèle de base à quatre pattes et une queue varie considérablement selon que le principal mode de déplacement de l'animal consiste à marcher, sauter, sautiller, courir, nager ou voler.

SAUTE QUI PEUT !
Les galagos peuvent effectuer un saut de 16,5 pieds (5 m) avec leurs pattes postérieures.

VITESSE ET PUISSANCE DES PATTES

Les mammifères dotés de longues pattes minces, comme le cerf, l'antilope ou le cheval, sont généralement des coureurs-nés. Ce sont des mammifères ongulés ou à sabots. Les muscles dont ils se servent pour courir sont surtout concentrés dans les régions de l'épaule et de la cuisse plutôt que le long de la patte. L'apport conjugué des muscles et des sabots solides, mais légers tout de même, fait que les longues pattes peuvent aller et venir très rapidement sans effort ou presque.

Certains mammifères, comme le lapin, le lièvre, le rat-kangourou, la gerbille et le kangourou, ont les pattes de derrière beaucoup plus grosses que celles de devant. Ils se servent de ces puissantes pattes postérieures pour sauter ou sautiller.

Les gros mammifères, comme l'éléphant, le rhinocéros et l'hippopotame, misent davantage sur la force que sur la vitesse. Leurs grosses pattes puissantes supportent leur lourd corps. Malgré tout, beaucoup peuvent piquer un sprint étonnant. Un rhinocéros charge à plus de 31 miles à l'heure (50 km/h), ce qui est supérieur à n'importe quel coureur humain.

LE PLUS RAPIDE

L'animal le plus rapide est le guépard. Il peut atteindre 62 miles à l'heure (99 km/h) et même davantage, mais ne peut le faire plus de 30 secondes, ensuite il doit se reposer. Il est doté de longues pattes, et son dos est d'une grande souplesse puisqu'il s'arque et se cambre tour à tour en sprintant, ce qui permet aux pattes de décrire un grand arc et de couvrir une importante distance à chaque foulée.

Le dos s'arque ; les pattes se chevauchent presque.

Les reins se creusent ; les pattes s'étirent complètement.

DES PATTES EN FORME DE PELLE

Le réseau de galeries d'une taupe peut atteindre plus de 220 verges (200 m). Elle creuse avec ses membres antérieurs courts et musclés et ses grosses griffes peu pointues. Elle peut déplacer deux fois son poids en terre en une minute.

GRIMPEURS ET FOUISSEURS

Les arbres et le sol sont deux habitats spécialisés quand il s'agit de s'y déplacer. Les mammifères arboricoles (qui vivent sur les arbres) sont dotés de membres souples et de griffes acérées, ou de doigts préhensiles pour s'agripper à l'écorce. La taupe, l'oryctérope, le wombat et d'autres fouisseurs ont des pattes semblables à des pelles.

SE BALANCER DE BRANCHE EN BRANCHE

On appelle brachiation le mode de déplacement du gibbon de l'Asie du Sud-Est. Il se déplace à l'aide des bras par balancement de branche en branche, ses mains servant de crochets. Il économise ainsi de l'énergie.

AU GRAND GALOP

Le zèbre peut atteindre plus de 40 miles à l'heure (64 km/h) au galop, et se sert de ses sabots tranchants pour se défendre.

LE MAMMIFÈRE LE PLUS LENT

En une journée entière, le paresseux parcourt moins de 50 verges (50 m) au total. Cet animal arboricole d'Amérique centrale et d'Amérique du Sud a la démarche la plus lente de tous les mammifères. Il lui faut souvent une minute pour parcourir à peine quelques pieds (moins d'un mètre).

Un paresseux se la coule douce.

MAMMIFÈRES AQUATIQUES ET AÉRIENS

Les mammifères ont conquis tous les milieux, y compris l'air et la mer. Se déplacer dans l'air ou dans l'eau exige des membres différents de ceux utilisés sur terre. Leur forme doit comporter une surface large pour que l'animal puisse se projeter en avant en poussant sur l'eau ou l'air. Or c'est exactement la fonction des ailes ou des nageoires.

NAGER

La loutre, qui est bien adaptée à la vie aquatique, peut aussi se déplacer sur la terre ferme. Par conséquent, ses membres ressemblent à des nageoires et à des pattes. Le pied est gros et palmé, ce qui crée une importante surface pour pousser sur l'eau. Mais les orteils sont toujours dotés de griffes et peuvent bien s'agripper même dans la vase molle.

NAGEOIRE DE LA QUEUE

Le lamantin a les membres antérieurs semblables à des nageoires, et la queue large et arrondie. C'est un gentil herbivore.

DUAL-PURPOSE DESIGN

La loutre se déplace facilement sur la terre ferme et dans l'eau où ses pieds palmés la poussent avec force.

D'autres mammifères, comme le phoque et l'otarie, ont la forme idéale pour se déplacer dans l'eau puisque leurs membres ressemblent à des nageoires, mais sont plutôt maladroits sur la terre ferme. Les mammifères aquatiques, comme la baleine, le dauphin et la vache marine (le dugong et le lamantin), n'ont pas besoin de doigts préhensiles. Leurs membres sont de larges nageoires qui peuvent les projeter en avant ou battre l'eau. Ces mammifères tirent leur force de leur colonne vertébrale.

DE GROSSES NAGEOIRES

Les énormes pattes de l'ours polaire font d'excellentes nageoires dans l'eau et de bonnes raquettes quand il marche sur la neige.

NAGEOIRES

L'otarie à crinière (complètement à gauche) file dans l'eau tel un oiseau dans l'air en battant des nageoires antérieures. Le phoque (à gauche) utilise les nageoires de sa queue pour se déplacer et les nageoires antérieures pour se diriger. Le rorqual à bosse (au centre) a les plus longues nageoires de tous les mammifères, soit 13 pi (4 m).

VOLER ET PLANER

De toutes les espèces ou types de mammifères, environ le quart peut vraiment voler et ce sont des chauves-souris. Leurs membres antérieurs sont des ailes constituées d'une membrane très fine ayant l'aspect du cuir principalement tendue entre le deuxième et le cinquième métacarpiens. L'écureuil, le lémur ou le galéopithèque volants sont de vrais planeurs. Ils ne peuvent planer longtemps bien qu'ils soient d'habiles « pilotes ».

ÉCUREUIL VOLANT

L'écureuil volant est doté de grands pans de peau fourrée de chaque côté du corps et se dirige à l'aide de la queue.

LA FORCE DE LA QUEUE

La baleine et le dauphin ont des membres antérieurs semblables à des nageoires, mais n'ont pas de membres postérieurs. Leur queue est formée uniquement de muscles et de peau. Leur force leur vient de ce qu'ils arquent le dos pour faire bouger la queue de bas en haut et de haut en bas.

Le rorqual à bosse a le bord de la queue ondulé à l'arrière.

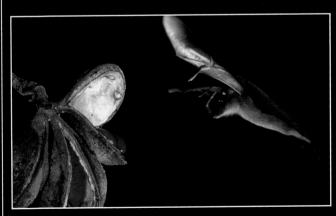

VOLER VÉRITABLEMENT

La chauve-souris se sert des muscles des épaules et de la cage thoracique pour battre des ailes. Certains types de chauves-souris peuvent voltiger ou voler à reculons.

23

MAMMIFÈRES ET COMMUNICATION

Peu d'animaux communiquent autant que les mammifères qui le font non seulement avec d'autres animaux, mais aussi avec les membres de leur propre espèce. Les mammifères ont de nombreuses façons d'envoyer des messages, parmi lesquelles l'usage du regard, la production de sons et l'émission d'odeurs.

POURQUOI COMMUNIQUER?

Comparativement aux autres animaux du règne animal, les mammifères ont un comportement compliqué. La communication, qui fait partie de ce comportement, est souvent liée à la survie. Face à un danger, par exemple, un mammifère utilise son regard, son cri et son odeur. Il gonfle ses poils pour paraître plus gros et affronte l'ennemi en montrant les dents, les griffes et d'autres moyens de défense. Il produit un cri menaçant et peut émettre une odeur désagréable.

Chaque méthode de communication a ses avantages. Le regard et le cri donnent des résultats sur-le-champ et sur une distance raisonnable, mais ne durent pas longtemps. Les odeurs sont plus longues à produire, mais durent aussi plus longtemps, et peuvent avoir un effet sur de plus grandes distances.

MESSAGE MATINAL
Le cri du singe hurleur, aux premières heures du jour, dit aux autres alouates: « Cette partie de la forêt m'appartient. Je ne veux pas en voir un dans le secteur! »

L'UTILITÉ DES HURLEMENTS
Le coyote semble hurler à la lune. En fait, il confirme le lien qui l'unit à sa partenaire ou aux membres de son groupe et avertit les autres coyotes de ne pas s'approcher.

MARQUAGE DU TERRITOIRE

Certains mammifères ont des territoires (le lieu où ils vivent et s'alimentent) dont ils interdisent l'accès à leurs congénères. Les territoires sont marqués de différentes façons, par l'urine et les crottes par exemple. Les balises malodorantes sont efficaces des jours durant et signifient : « Ce territoire est occupé ».

Un rhinocéros mâle répand de l'urine autour de son territoire.

Les tigres laissent des traces de griffes sur les arbres.

SOURIANT OU EFFRAYÉ ?

Les anthropoïdes et les singes ont beaucoup d'expressions faciales qui ne correspondent pas toujours aux nôtres. Quand un chimpanzé sourit, c'est qu'il est vraiment effrayé.

TROP BAS POUR ÊTRE ENTENDUS

Certains mammifères envoient des messages que nous ne pouvons entendre. Les éléphants produisent des grondements très graves qui n'ont pas de mal à voyager sur la terre ferme.

À L'INTÉRIEUR DU GROUPE

Beaucoup de mammifères grégaires communiquent par l'envoi de messages aux membres de la famille, au troupeau, à la meute ou au groupe. Ces messages peuvent concerner la découverte de nourriture, annoncer l'arrivée de prédateurs ou d'autres dangers ou signifier que l'animal est prêt à se reproduire pendant la période de reproduction ou qu'une lutte est en cours pour la direction du groupe.

VIVRE ENSEMBLE

Certains mammifères sont solitaires, sauf pendant la période de reproduction qui est plutôt courte ou quand une femelle élève ses petits. D'autres ne sont pour ainsi dire jamais seuls. Ils vivent en groupes, hardes, troupes, bandes ou en de semblables communautés.

LIBREMENT EN GROUPES

Beaucoup de grands herbivores comme, l'antilope, la gazelle, le bison, de cerf et le zèbre, vivent librement en groupes les trois quarts de l'année. Les membres sont près les uns des autres mais s'entraident peu, ne travaillent pas ensemble ni ne coopèrent de façon manifeste. Ce type de rassemblement a généralement pour but d'assurer une certaine sécurité au groupe du fait du nombre. Si l'un des membres perçoit un danger, il donne l'alerte en émettant un son ou en frappant le sol du pied par exemple. Dès lors, tout le groupe est en état d'alerte et prêt à fuir.

TROUPE DE LIONS

Les lions vivent en groupes d'une douzaine d'individus environ. On dit une troupe de lions (ci-dessous). Ce sont surtout les femelles qui chassent et s'occupent des petits. Il arrive parfois que deux ou trois mâles se liguent pour défendre leur territoire contre les lions du voisinage.

HARDE D'ÉLÉPHANTS

Une harde d'éléphants (ci-dessous) peut être constituée d'une famille étendue. La matriarche (la femelle la plus âgée) guide la harde. Grâce à ses années d'expérience, elle sait où trouver de la nourriture et de l'eau en toutes saisons.

HARDE DE BUFFLES
Les buffles africains se protègent l'un l'autre et il arrive qu'ils s'allient pour repousser les prédateurs comme le lion.

MEUTE DE LOUPS
Seuls le mâle et la femelle dominant la meute s'accouplent (le couple alpha). Les autres membres les aident à élever leurs petits.

GROUPES PROCHES
Dans certains groupes, l'entraide va plus loin. Parfois même, la quête de nourriture se fait en commun, ou un membre en aidera un autre à recouvrer la santé. Ces groupes sont souvent fondés sur les relations familiales et la famille étendue, c'est-à-dire, les frères, sœurs, tantes et oncles. Dans une harde d'éléphants, c'est la femelle la plus âgée (la matriarche) qui a la responsabilité des autres femelles et des petits. Les mâles adultes vivent séparément. Dans la mer, l'épaulard a un système semblable, c'est-à-dire que les femelles les plus âgées dirigent le groupe.

TROUPE DE SINGES
Les singes du type babouin forment des troupes bruyantes et actives. Ils changent constamment de sous-groupe d'« amis », s'entraident pour leur toilette, se nourrissent ensemble et se séparent.

PLUS PRÈS DES INSECTES

Le rat-taupe glabre africain fonctionne selon un système social identique à celui des insectes. Une seule femelle, la « reine », peut engendrer. Les autres membres, les « ouvriers » creusent des galeries et cherchent de la nourriture végétale.

Ouvriers se reposant un moment.

LES CARNIVORES

Des dents pointues, des griffes acérées et des sens bien éveillés, voilà les principaux outils dont se servent les mammifères carnivores. L'usage de l'un ou l'autre de ces outils dépend du type de proie chassée.

GROSSES PROIES ET PETITES PROIES

Un animal qui se nourrit de proie est un prédateur. Il existe une grande diversité de prédateurs chez les mammifères, de la belette à la loutre en passant par les félins grands et petits, sans oublier le dauphin et le phoque dans la mer. Certains mammifères, comme le chacal et la hyène, se nourrissent aussi de carcasses d'animaux morts, on les appelle des charognards.

Certains mammifères plus petits ne mangent que des insectes, des araignées, des vers et des larves. On les regroupe sous le nom générique d'insectivores. Ils comprennent la musaraigne, le hérisson, la taupe, le grand gymnure, le tanrec et le solénodon.

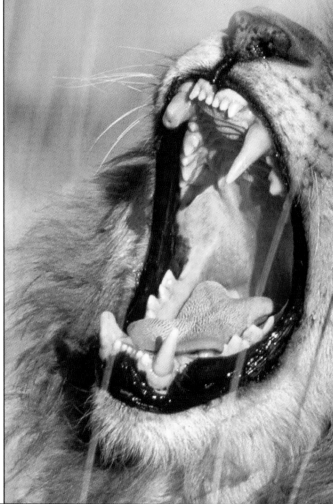

DENTITION DES PRÉDATEURS

La plupart des chasseurs, tel le lion, ont de petites incisives mais de très longues canines qu'ils enfoncent dans la proie pour déchirer la chair. Les dents jugales, ou carnassières, fonctionnent comme des ciseaux bien aiguisés.

FÉLINS ET CANIDÉS

La plupart des félins (sauf le lion et le guépard) chassent seuls comme le tigre. Les canidés, comme les chiens sauvages d'Afrique, (à droite) chassent en meute.

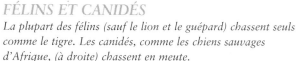

PIÉGER SA PROIE
Bien que les grandes baleines soient carnivores, elles n'ont pas de dents. Elles sont plutôt dotées de fanons qui sont des lames cornées issues de la mâchoire supérieure et qui forment une frange. La baleine retient sa nourriture avec les fanons. Elle fait entrer une grande quantité d'eau pleine de krill (qui ressemblent à de minuscules crevettes) dans sa bouche, et rejette l'eau ne retenant que le krill.

LONG ET MINCE
Les mustélidés, comme la belette, ont le corps mince et souple, ce qui est idéal pour se tortiller dans les terriers à la recherche de proies.

DES CARNIVORES DE TOUTES SORTES

Le terme « carnivore » signifie : qui se nourrit de chair animale. Le nom latin scientifique de cet ordre est *Carnivora*. Il comprend un éventail de prédateurs qui va du loup au félin en passant par le chien sauvage, le renard, les mustélidés, la civette, le linsang, la mangouste, le raton laveur, le coati et la hyène, c'est-à-dire environ 250 espèces.

Les ours font partie de l'ordre des carnivores. Ils ont les longues canines pointues des carnivores. Ils chassent parfois de grosses proies, mais la plupart d'entre eux, à l'exception de l'ours polaire, sont plus herbivores que carnivores. L'un d'eux, le grand panda, ne mange presque jamais de viande.

LE PLUS PETIT PRÉDATEUR
La toute petite musaraigne est un féroce chasseur qui s'attaque à des proies de sa taille.

LE PLUS GROS PRÉDATEUR

Le cachalot à grosse tête est de loin le plus gros prédateur du monde. Il peut atteindre 22 verges (20 m) de longueur et peser environ 50 tonnes (45 tonnes métriques). Ses principales proies sont la pieuvre, le poisson et le calmar.

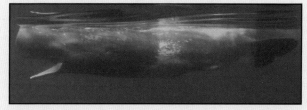

Un cachalot à grosse tête se repose avant de plonger en quête d'une proie.

29

LES HERBIVORES

Plus de la moitié des mammifères sont des herbivores. Ensemble, ils avalent presque toutes les parties d'une plante, depuis la racine jusqu'au fruit, en passant par la tige, l'écorce, la sève, la feuille, le bouton et la fleur.

REPAS PLUS COPIEUX
Comparativement à la viande, la nourriture végétale est plus dure à mâcher, plus difficile à digérer et ne contient pas beaucoup de substances nutritives. Par conséquent, les mammifères herbivores doivent passer beaucoup plus de temps à se nourrir que les carnivores. L'herbivore typique est doté de grosses dents jugales plates, ou molaires, pour broyer sa nourriture. Il a généralement aussi de longues mâchoires et de puissants muscles masticateurs. Le rat, le campagnol et d'autres rongeurs ont de longues incisives tranchantes pour mordiller et ronger.

DE BONS BROUTEURS
La feuille et la tige des plantes sont constituées de minuscules grains durs qui les rendent difficiles à transformer en pulpe. Le bison passe jusqu'à 20 heures par jour à mastiquer.

DE GRANDS BROUTEURS
La girafe (ci-dessous à gauche,) peut étirer la langue 18 po soit 46 cm) et l'enrouler autour des feuilles. L'éléphant (ci-dessous) avale environ 330 livres (148,5 kilogrammes) de nourriture par jour.

COLLATION DE MINUIT

À l'instar de son énorme cousin l'hippopotame des rivières, l'hippopotame nain des forêts se nourrit la nuit. Son alimentation est plus variée que celle du précédent et comprend des mousses, des fougères, des brindilles et des fruits.

CHAQUE JOUR LE MÊME REPAS

Seulement quelques herbivores ont un régime alimentaire restreint. En Australie, le koala (ci-dessous à gauche) mange uniquement les feuilles de certains eucalyptus ou gommiers. En Chine, le grand panda (ci-dessous à droite) se nourrit surtout de bambou, mais il ne dédaigne pas les larves, les œufs d'oiseaux et même les charognes (corps d'animaux morts).

HERBIVORES SPÉCIALISÉS

Les brouteurs se nourrissent surtout d'herbe, et comprennent le zébre, l'hippopotame et différentes sortes de cerfs. La girafe et le chameau mangent généralement des feuilles d'arbres ou de buissons. Certains plus grands herbivores à sabots avalent les aliments dans un premier compartiment de l'estomac et les font revenir dans la bouche pour les mâcher de nouveau avant de les avaler définitivement : ce sont les ruminants. Ils ne peuvent faire autrement, car l'herbe est difficile à digérer. Parmi ces ruminants, mentionnons le cerf, l'antilope, le chameau, la girafe et le bœuf.

L'ESTOMAC PLEIN

Après un repas copieux de feuilles et de fruits, l'estomac bien rempli du nasique pèse la moitié de son poids total.

MIGRER OU HIBERNER?

Certaines régions connaissent de rudes périodes au cours de l'année, par exemple le gel en hiver et les sécheresses saisonnières. Les mammifères ont le choix entre deux stratégies : ne pas bouger et dormir ou déménager sous un climat plus clément.

ALLER ET REVENIR

Une migration, c'est le déplacement collectif d'une espèce animale sur de grandes distances chaque année à la même période. Les raisons pour lesquelles les mammifères migrent sont, entre autres, le manque de nourriture, le froid intense ou une sécheresse prolongée. En Amérique du Nord, le caribou se déplace vers le sud à l'automne, quitte la toundra arctique pour se mettre à l'abri dans les forêts nordiques tout l'hiver. Au printemps suivant, il reprend son laborieux périple vers le nord le temps d'un court été au cours duquel la toundra fourmille de végétaux.

Certaines migrations dépendent davantage du hasard. Dans les steppes arides et froides de l'Asie centrale (plaines herbeuses), le saïga migre au hasard des précipitations liquides qui font croître de nouvelles plantes fraîches.

DANGERS DE LA MIGRATION

Les voyages sur de grandes distances présentent de nombreux dangers. En Afrique, le gnou risque de se noyer lorsqu'il traverse une rivière, d'être piétiné, ou d'être attaqué par des crocodiles.

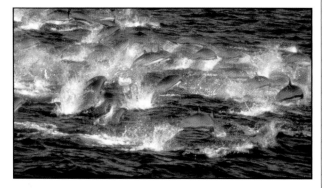

*DES EAUX PROFONDES
AUX EAUX CÔTIÈRES*

Le marsouin migre des eaux profondes aux eaux côtières pour suivre ses proies qui nagent en groupes.

MIGRATION DE LA BALEINE GRISE

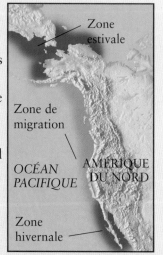

La baleine grise est le plus gros mammifère migrateur. Chaque année, elle remonte dans l'arctique où le réchauffement du climat signifie abondance de nourriture. À l'automne, elle nage en direction du sud jusqu'aux côtes subtropicales. Certaines baleines grises parcourent 12 000 miles (19 200 km) par année.

Zone estivale

Zone de migration

OCÉAN PACIFIQUE

AMÉRIQUE DU NORD

Zone hivernale

SOMMEIL HIVERNAL

L'hibernation, qui consiste à sombrer dans un sommeil ultraprofond pendant les mois les plus froids, est une solution de rechange à la migration. C'est une façon d'épargner de l'énergie quand la nourriture se fait plus rare. Les principaux animaux hibernants sont divers types de chauves-souris et de rongeurs tels la gerboise, l'écureuil et la marmotte commune. La souris du bouleau et la marmotte alpine peuvent hiberner huit mois. La température corporelle des animaux dont l'hibernation est profonde, comme le loir et la chauve-souris, passe de 104 degrés Fahrenheit (40 degrés Celsius) à 41 °F (5 °C) ou moins, et leur cœur et leur respiration ne s'activent qu'après quelques minutes.

LOIR FRISÉ

Les mammifères hibernants se nourrissent abondamment l'automne et font ainsi des provisions de graisse. Quand ces loirs (ci-dessus) s'éveilleront au printemps, ils auront perdu jusqu'à un tiers de leur poids.

RASSEMBLEMENT DE CHAUVES-SOURIS

Les chauves-souris (à droite) se rassemblent toujours au même endroit appelé hibernaculum, par exemple dans une cave. Regroupées, elles se protègent mieux des ennemis et du gel.

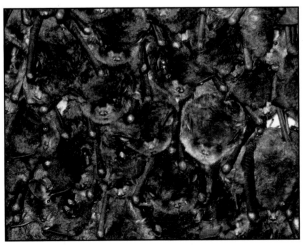

NIDS ET TANIÈRES

La plupart des mammifères ont un endroit où s'abriter, ce qui leur permet de se reposer, de se nourrir et de se constituer des réserves en toute sécurité. Ce nid, ou cette tanière, sert aussi souvent à élever une famille.

DES CONSTRUCTEURS

Chez les mammifères, l'abri le plus élaboré est la hutte du castor. Il s'agit d'un gros monticule solide, pouvant atteindre 11 verges (10 m) de largeur, constitué de branches, de pierres et de boue. Elle est construite sur la berge d'un lac ou d'un étang, comporte des entrées submergées pour éloigner les ennemis tel le loup. Pour créer l'étang, il arrive souvent que le castor élève une digue aux dépens d'un cours d'eau local. Le rat musqué bâtit aussi une sorte de hutte, bien que moins complexe que celle du castor. Sur la terre ferme, certains mammifères construisent leur abri en écrasant le sol sous leurs pieds où en se roulant par terre jusqu'à ce que l'endroit prenne la forme d'un nid.

ENTRETIEN DU TERRIER
Ceux qui font leur nid sous terre comme le suricate, passent environ une heure par jour à nettoyer et à entretenir leur terrier. Peu de prédateurs peuvent y entrer à l'exception des serpents.

CASTOR AU TRAVAIL
Toute la famille, y compris les petits, ronge des branches et des brindilles pour construire et entretenir la hutte.

RUSÉ COMME UN RENARD
Le renard vit dans un terrier qui peut être réutilisé des années durant.

LE NID LE PLUS ROND

Le rat des moissons construit un petit nid compliqué de la taille et de la forme d'une balle de tennis. Il est fait de tiges et de feuilles entrelacées dans de longue tiges de graminées. Son unique entrée est de la dimension d'un timbre-poste.

Nid de rat des moissons

LES FOUISSEURS

Le type d'abri le plus courant chez les mammifères est le terrier ou ensemble de galeries creusées dans la terre. Les plus grands terriers sont ceux du wombat et de l'oryctérope dont l'entrée fait 3 pieds (90 cm) de largeur. Le réseau de galeries d'une famille européens de blaireaux peut atteindre 220 verges (200 m) et posséder plus de 10 entrées. De nombreux rongeurs, comme la gerbille et le rat-taupe, vivent aussi dans des terriers.

La plupart d'entre eux creusent leur propre abri, mais certains préfèrent occuper un vieux terrier et l'agrandir, comme c'est le cas lorsqu'une famille de renards décide de déménager dans un terrier de lapin.

FAIRE SON LIT
Les grands singes, tel l'orangoutan, tressent des branches qui servent de support à un lit de feuilles et de brindilles. Ils se construisent ainsi un nouveau gîte tous les soirs.

Prêts à se reproduire

La reproduction est une caractéristique essentielle à la vie animale, et les mammifères utilisent quelques-unes des méthodes les plus fascinantes en la matière. La première chose à faire est de réunir un mâle et une femelle.

CHOIX DU PARTENAIRE

Contrairement à certains animaux, comme le vers et l'escargot, les mammifères sont divisés en mâles et en femelles. Mâles et femelles doivent se rencontrer pour s'accoupler avant d'avoir leur progéniture. L'accouplement est souvent précédé d'une série de figures et de comportements particuliers appelés parade nuptiale.

La parade nuptiale permet à chacun des partenaires de s'assurer que l'autre convient à la tâche, est en santé, mature, prêt à s'accoupler et de la même espèce. Les partenaires d'espèces différentes ne peuvent produire de progéniture, ce qui met en péril la précieuse chance qu'offre l'accouplement.

CHANT NUPTIAL

Les chants nuptiaux sont très courants, ce sont tantôt de simple petits cris aigus, tantôt des grognements et que dire du « chant » renversant des grandes baleines ? Le rorqual à bosse mâle émet une série de notes durant une trentaine de minutes durant toute la journée et toute la nuit. Ses mystérieux gémissements sont entendus à des centaines de miles dans la mer.

Un rorqual à bosse chante la tête baissée.

LE PATRON, C'EST MOI !

Les éléphants de mer mâles se cabrent, poussent des cris rauques et se mordent mutuellement. Le vainqueur s'accouplera avec une centaine de femelles ou plus.

EN METTRE PLEIN LA VUE

Les cerfs se rassemblent et se battent pour les femelles durant la saison du rut.

LUTTE POUR L'ACCOUPLEMENT

Chez certains mammifères, comme les félins, un seul mâle et une seule femelle se font mutuellement la cour. Ils peuvent se séduire à distance grâce aux odeurs et aux sons qu'ils émettent.

Chez d'autres mammifères, des membres du même sexe (presque toujours des mâles) se rassemblent quand vient la période de reproduction et s'affrontent pour avoir la chance de s'accoupler. Les mâles poussent des cris menaçants et s'intimident mutuellement, parfois en se poussant et en se bousculant. Dans la plupart des cas, il s'agit d'un rituel. Les « figures » exécutées suivent un modèle précis, et le perdant abandonne avant de se blesser. Mais chez certaines espèces, les combats sont plus dangereux et se terminent par des blessés ou des morts. Le vainqueur s'accouple souvent avec de nombreuses femelles.

COMBAT OU PARADE NUPTIALE

Chez les kangourous, il arrive que le mâle et la femelle se donnent des coups de pattes lors de la parade nuptiale.

LES TÊTES S'ENTRECHOQUENT

Le bélier, le bouc (ci-dessous) et la gazelle mâle (photo superposée) se poussent mutuellement pour savoir lequel est le plus fort, le plus apte à avoir une progéniture robuste.

LA NAISSANCE ET LES PETITS

La plupart des animaux pondent des œufs (les ovipares), mais l'immense majorité des mammifères donnent naissance à des petits, et tous se nourrissent de lait maternelle.

COMBIEN DE PETITS ?

Le nombre de petits auxquels une femelle donne naissance en une fois s'appelle une portée. Certains mammifères ont de grosses portées de 20 petits et plus, mais leurs bébés sont alors petits, faibles sans défense, et doivent être gardés au chaud et protégés une longue période, généralement dans un nid. Le rat, la souris et d'autres rongeurs ont ce genre de portée, les chats et les chiens aussi. D'autres mammifères femelles n'ont qu'un ou deux petits à la fois. Ils sont généralement entièrement développés et capables de se débrouiller seuls bien qu'ils dépendent toujours du lait maternelle pour se nourrir. Le meilleur exemple en la matière est celui des baleines, des phoques et des mammifères à sabots comme le rhinocéros, le bœuf et le zèbre.

UNE GROSSE PORTÉE

Victime de nombreux prédateurs, le loir a de grosses portées pour permettre à quelques individus de survivre.

LIVRÉS À EUX-MÊMES

Le petit tapir (ci-dessus) et le bébé phoque (photo superposée) sont livrés à eux-mêmes tandis que la mère est partie se nourrir. Leur camouflage les aide à se cacher des prédateurs et leur procure une certaine sécurité durant l'absence de leur mère.

EN SÉCURITÉ DANS LA TANIÈRE

Les prédateurs, comme le loup (à droite), laissent leur progéniture dans la tanière quand ils vont à la chasse.

UNE PÉRIODE DANGEREUSE

La plupart des mammifères femelles se cachent dans un terrier, un nid ou un autre endroit tranquille pour mettre bas. Dans la plaine rase cependant, il est impossible aux gros mammifères de faire la même chose. Par conséquent, leurs petits viennent au monde entièrement développés. Mais la vue et surtout l'odeur de la mise bas attirent rapidement les prédateurs. Aussi, en quelques minutes, le nouveau-né est-il en mesure de marcher, puis de courir avec la troupe.

Un petit gnou est prêt à courir en quelques minutes.

PARENTS ATTENTIONNÉS

Les mammifères s'occupent davantage de leurs petits que tout autre animal à l'exception des oiseaux. Les soins sont, le plus souvent, prodigués par la mère. Elle est constamment à l'affût du moindre danger que pourraient courir ses petits, les protège contre les prédateurs et les nourrit du lait provenant de ses mamelles.

Au bout d'un certain temps, les petits commencent à devenir plus autonomes. Ils cessent de téter et commencent à manger d'autres aliments. Ce stade s'appelle la période de sevrage. Certaines souris sont sevrées à un peu moins de deux semaines. La loutre l'est à huit semaines ; la plupart des grandes baleines, à six mois ; les petits chimpanzés et les éléphanteaux, à trois ou quatre ans.

VIENS VOIR PAPA !

Chez les mammifères, peu nombreux sont les mâles qui participent à l'éducation des petits. C'est le cas chez le loup, le renard et aussi chez les petits singes appelés marmousets (ci-dessus), de même que chez le tamarin.

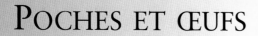

POCHES ET ŒUFS

Chez environ sept pour cent des mammifères, les petits se développent dans une poche sur l'abdomen de la mère, appelée marsupium. Trois espèces de mammifères ne donnent pas naissance à des petits, mais pondent des œufs : ce sont les monotrèmes.

OÙ VIVENT LES MARSUPIAUX

L'Amérique du Sud compte environ une centaine d'espèces de marsupiaux, surtout arboricoles, comme l'opossum. Une seule espèce, l'opossum de Virginie, est présente aux États-Unis. Tous les autres marsupiaux habitent l'Australie et la Nouvelle-Guinée. Ils étaient jadis les seuls mammifères d'Australie. Par conséquent, on y trouve l'équivalent marsupial de beaucoup d'autres mammifères, par exemple la taupe, la musaraigne et le félin.

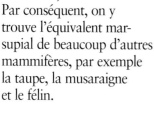

KOALA

Le koala ressemble à un ourson, mais c'est un marsupial. Il vit sur l'eucalyptus, se nourrit de ses feuilles et descend rarement au sol.

KANGOUROU

Le kangourou se nourrit des plantes clairsemées de l'intérieur de l'Australie. Le petit commence à quitter la poche à six mois et est autonome à un an.

DIABLE DE TASMANIE

Le diable de Tasmanie ressemble à un petit chien et se nourrit de reptiles, de petits mammifères et de charognes. Les petits restent dans la poche maternelle environ 15 semaines.

OPOSSUM DE VIRGINIE

Ce marsupial (ci-dessus, à droite) a de grosses portées, de 5 à 13 petits et parfois plus de 30. Sa présence s'accroît lentement en Amérique du Nord.

REPRODUCTION DES MARSUPIAUX

Les bébés marsupiaux sont beaucoup plus petits par rapport à la taille de leur mère que ne le sont les petits des autres mammifères quand ils viennent au monde. Le plus grand marsupial, le kangourou rouge, a la taille d'une personne. Pourtant, son bébé est plus petit que l'auriculaire. Il naît dépourvu de poils et peu développé.

Ses yeux et ses oreilles sont fermés, et ses pattes sont comme de minuscules membres informes. Il rampe jusqu'à la poche de sa mère pour se nourrir de son lait et continuer de croître. La plupart des marsupiaux passent leurs premières semaines ainsi. Quand les petits sont assez grands, la mère les laisse dans un abri ou les « gare » sur une branche le temps de trouver de la nourriture.

MAMMIFÈRES QUI PONDENT DES ŒUFS

Les bébés mammifères nés d'œufs se nourrissent aussi de lait comme les autres. Ces mammifères ovipares, ou monotrèmes, sont l'ornithorynque de l'Australie de l'Est et deux types d'échidnés, insectivores, d'Australie et de Nouvelle-Guinée. Les œufs de l'ornithorynque, au nombre d'un ou de deux, éclosent au bout de 10 jours, et la mère nourrit les bébés pendant une période pouvant aller jusqu'à un mois. L'échidné à long museau transporte ses petits, une fois sortis de l'œuf, dans une poche comme le marsupial.

Les petits sont élevés par leur mère dans un nid creusé dans la terre.

SAUVER LES MAMMIFÈRES

Le monde semble rempli de mammifères familiers comme le chien, le mouton et le bœuf, mais du côté des animaux sauvages, une espèce de mammifères sur cinq est en voie d'extinction. Les dangers auxquels ils font face sont généralement causés par les mammifères les plus nombreux et les plus dominants de tous : l'homme.

LA MENACE VIENT DE TOUTES PARTS

Le plus grand danger que courent les mammifères (et tous les autres animaux) est la perte de leur habitat. C'est la disparition de leur abri et de leur milieu naturel que remplacent des fermes, des maisons, des plantations d'arbres, des routes, des parcs, des usines et d'autres types d'installations. Certaines espèces sont touchées par la pollution ou capturées vivantes pour devenir des animaux domestiques. D'autres sont chassées pour les trophées qu'elles représentent, pour rapporter un souvenir ou pour le « sport », ou parce qu'elles sont une menace pour les animaux de la ferme et les gens. Enfin, certaines sont abattues pour leur chair.

PERTE DE L'HABITAT

La plupart des mammifères, comme l'orangoutan, vivent dans la forêt tropicale. Or, ces habitats sont présentement détruits pour faire du bois de construction, et ensuite être transformés en terres agricoles et en pâturages pour les animaux de la ferme.

QUAND LA MER EST DANGEREUSE

Les mammifères marins, tels le phoque et le dauphin, se noient dans les immenses filets que tendent les pêcheurs. La pêche à la baleine sur une grande échelle est interdite depuis les années 80, mais certains pays prétendent que les cétacés sont de nouveau en grand nombre et qu'il est temps de reprendre le collier.

COMMENT SOUTENIR LA CAUSE

Les lois internationales contrôlent la chasse de centaines d'espèces de mammifères. La Convention sur le commerce international des espèces de faune et de flore sauvages menacées d'extinction (CITES) contrôle la vente de parties d'animaux ou de produits dont la fabrication entraîne la mort d'animaux protégés. En captivité, les mammifères sont élevés dans des zoos, mais, quand ils deviennent trop nombreux, on les relâche dans la nature.

Les campagnes publicitaires aident quelques rares mammifères, tels le gorille, le tigre ou le rhinocéros, mais ce dont les mammifères ont principalement besoin, c'est qu'on protège leur milieu de vie. Si la perte de l'habitat constitue la plus grande menace, sa conservation est la meilleure solution pour sauver les mammifères.

DES SOUVENIRS

Malgré les lois l'interdisant, les gens vendent encore des articles dont la fabrication implique que l'on tue des animaux légalement protégés.

LA CHAIR DES ANIMAUX DE LA BROUSSE

Le commerce de la chair des animaux de la brousse suppose de chasser des mammifères sauvages, et même le gorille (ci-dessus), et de vendre la viande dans les marchés locaux (à droite), ce qui constitue une menace croissante, surtout en Afrique.

LA CLASSIFICATION DES ANIMAUX

Le règne animal peut être divisé en deux principaux groupes : les vertébrés (dotés d'une colonne vertébrale) et les invertébrés (sans colonne vertébrale). À partir de ces deux principaux groupes, les scientifiques classent, ou trient, les animaux selon les caractéristiques communes.

Les six principaux groupements d'animaux, du plus général au plus spécifique sont : le phylum, la classe, l'ordre, la famille, le genre et l'espèce. Ce système est l'œuvre de Carolus Linnaeus.

Pour voir comment fonctionne ce système, un exemple de la classification des êtres humains dans les vertébrés et de celle des vers de terre dans les invertébrés est montré ci-dessous.

LE RÈGNE ANIMAL

LES VERTÉBRÉS

PHYLUM : Chordata

CLASSE : Mammifères

ORDRE : Primates

FAMILLE : Hominids

GENRE : *Homo*

ESPÈCES : *sapiens*

LES INVERTÉBRÉS

PHYLUM : Annelida

CLASSE : Oligochètes

ORDRE : Haplotaxida

FAMILLE : Lumbricidae

GENRE : *Lumbricidae*

ESPÈCES : *terrestris*

Il y a plus de 30 groupes de phylums. Les neuf groupes les plus communs sont inscrits ci-dessous suivis de leurs noms courants.

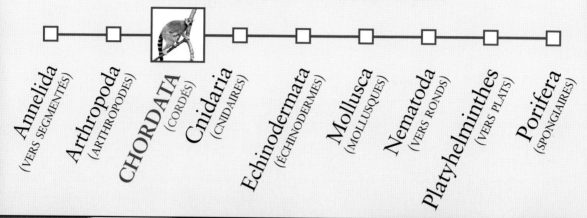

Annelida (VERS SEGMENTÉS)

Arthropoda (ARTHROPODES)

CHORDATA (CORDÉS)

Cnidaria (CNIDAIRES)

Echinodermata (ÉCHINODERMES)

Mollusca (MOLLUSQUES)

Nematoda (VERS RONDS)

Platyhelminthes (VERS PLATS)

Porifera (SPONGIAIRES)

Ce livre met en évidence les animaux du phylum *Chordata*. L'exemple ci-dessous permet de savoir comment les scientifiques classent le *Macropus giganteus*, ou le kangourou gris.

LES VERTÉBRÉS

PHYLUM : Chordata

CLASSE : Mammifères

ORDRE : Diprotodontia

FAMILLE : Macropodidae

GENRE : *Macropus*

ESPÈCES : *giganteus*

Kangourou gris de l'est (Giganteus).

GLOSSAIRE

ALLAITER
Nourrir un bébé mammifère du lait maternelle.

AQUATIQUE
Qui vit dans l'eau ou surtout dans l'eau, comme la baleine, le dauphin, le pourceau de mer, le phoque, le lion de mer et le lamantin.

ARBORICOLE
Qui vit surtout sur les arbres, comme la plupart des singes.

À SANG CHAUD
Animal utilisant l'énergie des aliments pour conserver une température corporelle constante à tout moment, même si la température du milieu varie grandement ; les principaux groupes d'animaux à sang chaud sont les mammifères et les oiseaux.

À SANG FROID (hétérotherme)
Dont la température corporelle varie selon la température du milieu ambiant, de sorte que l'animal est froid par temps froid et chaud par temps chaud et ensoleillé.

BROUTEUR
Un animal qui se nourrit d'herbe, de pousses, de feuilles provenant de plantes ou d'arbres.

CAMOUFLAGE
La façon dont un animal se fond dans l'environnement grâce aux particularités de son pelage comme la couleur et les motifs qui le composent.

CANINES
Longues dents pointues situées en avant et de chaque côté des mâchoires qui servent à percer et à déchirer.

CARNIVORE
Un animal qui se nourrit principalement d'autres animaux, surtout de leur chair.

ÉPAISSEUR DE GRAISSE
Chez les mammifères tels le phoque et la baleine, une couche épaisse de graisse située juste sous la peau qui les protège du froid.

ÉVOLUTION
Transformation progressive d'une espèce vivante aboutissant à la constitution d'une espèce nouvelle.

HABITAT
Un type particulier de milieu géographique propre à la vie d'une espèce animale ou végétale, par exemple le désert, la montagne, l'étang ou le bord de la mer.

HERBIVORE
Un animal qui se nourrit exclusivement de végétaux.

HIBERNATION
État d'engourdissement, s'accompagnant d'une hypothermie et occasionnant un ralentissement de l'organisme et l'inactivité, dans lequel tombe un animal à sang chaud, généralement pour sauver de l'énergie pendant la saison froide.

INCISIVES
Dents plates et tranchantes, servant à couper les aliments, situées dans la partie médiane des arcades dentaires.

MAMELLES
Organes glanduleux dont la fonction est de produire le lait maternel.

MARSUPIUM
Poche ventrale des marsupiaux femelles dans laquelle les petits continuent de se développer après leur naissance.

MIGRATION
Le déplacement collectif d'une espèce animale sur de grandes distances chaque année à la même période pour fuir des conditions climatiques difficiles comme le froid ou la sécheresse.

NOCTURNE
Animal actif la nuit, généralement pour se nourrir ou se déplacer d'un endroit à un autre.

RUMINANT
Animal qui mâche de nouveau des aliments revenus dans l'estomac avant de les avaler définitivement.

TERRESTRE
Qui vit sur la terre ferme ou sur le sol, comme les mammifères vivant dans le désert, dans la plaine ou en montagne.

TERRITOIRE
L'espace où vit un mammifère dont il défend l'accès aux congénères ; certains territoires ne sont utilisés que pour se nourrir, d'autres pour se reproduire et d'autres encore pour les deux.

UTÉRUS
Partie du corps d'un mammifère femelle où se développe les petits avant leur naissance.

AUTRES RESSOURCES

À LA BIBLIOTHÈQUE
Kingdon Jonathan et Anne Saint-Girons. *Guide des mammifères d'Afrique*, Delachaux et Niestlé, 2006.

Peterson Roger Tory. *Les mammifères de l'Amérique du Nord*, Broquet. 1990

Rudiger Wandrey, *Guide des mammifères marins du monde*, Delachaux et Niestlé, 1999.

Turner Alan et Mauricio Anton. *Mammifères de la préhistoire*, Fernand Nathan, 2004.

SUR INTERNET
Musée canadien de la nature
(voir Mammifères)
http://www.nature.ca/notebooks/francais/fmampg.htm

Terra Nova. *Encyclopédie du Monde Animal Sauvage* http://www.dinosoria.com/dossiers_mammifere.htm

Le Monde Vivant. *Les mammifères (Imago Mundi)*
http://www.cosmovisions.com/mammiferes.htm

INDEX

B
babouin 27
baleine 9, 13, 23
    29, 32, 36
basilosaure 13
belette 29
bélier 37
bouc 37
bison 30
buffle 27

C
camouflage 16, 17
caractéristiques des
    mammifères 10, 11
carnivore 11, 29
carnivores
    (groupe des) 29
castor 34
cerf 17, 36
cerveau 11
chair
    de la brousse 43
charognards 28
chauve-souris 9, 13,
    18, 23, 33
chien sauvage
    africain 28
chimpanzé 25
cites 43
cœur 11
commerce d'animaux
    sauvages 43
couleurs
    révélatrices 16, 17
coyote 24

D
dauphin 42
dents 11, 28, 30
diable
    de Tasmanie 41
digestion 11

E
écholocation 18
écureuil 23
éléphant 25, 26, 30
éléphant de mer 36
épaisseur
    de graisse 14
épaulard 9
évolution 12, 13

F
fanon 29
fourrure 10, 14, 15
fossiles 13

G
galago 20
gazelle 37
gibbon 21
girafe 8, 30
gnou 32, 39
gorille 43
guépard 20

H
habitats 8, 9
    perte d' 42
herbivore 11, 30, 31
hibernation 32, 33
hippopotame 8, 31
hutte, castor 34

I
icaronycteris 13

K
kangourou 37, 40
koala 9, 31, 40

L
lait 10
lamantin 22
lémur 24
léopard 17
lion 26
loir 33, 38
loris 19
loup 27, 38
loutre 22

M
mamelles 10
mammifères
    pondant des œufs 41
mammouth 13
mandrill 16
marmouset 39
marsouin 32
marsupiaux 40, 41
mégazostrodon 12
migration 32
monotrèmes 40, 41
morse 14
mouffette 17
moufflon
    d'amérique 9
mue 17
musaraigne 29
    arboricole 12
    éléphant 19
muscles 10

N
nasique 31
nids 34, 35

O
œufs 10
opossum
    d'Amérique 41
orang-outan 35
ornithorynque 19, 41
ours 22, 33
otarie 22, 23

P
panda 31
pangolin 15
parade nuptiale 36
paresseux 21
peau 10, 14, 15
phoque 9, 23
poils 10, 14, 15
pollution 42
porc-épic 9, 14
portée 38
prédateur 28, 29

Q
queue
    de la baleine 23

R
rat des moissons 35
rat-taupe 27
renard 8, 17, 35
reproduction 10,
    36, 37
respiration 11
rhinocéros 14,
    15, 25
rongeur 30
ruminant 31

S
saison du rut 36, 37
sens 18, 19
sevrage 39
squelette 10, 11
serval 18
singe 24
soins parentaux 39
souris 35
suricate 34

T
tanières 34
tapir 38, 39
tatou 15
taupe 21
territoire 25
thérapsidiens 12
tigre 7, 8, 25, 28
toundra 8

V
vertébrés 10

Z
zèbre 10, 11,
    16, 17, 20